Sugar Store of Feelings and Glitter

Rebekka Posern

Bibliografische Information der Deutschen Nationalbibliothek: Die Deutsche Nationalbibliothek verzeichnet diese Publikation in der Deutschen Nationalbibliografie; detaillierte bibliografische Daten sind im Internet über dnb.dnb.de abrufbar.

© 2023 Rebekka Posern
Herstellung und Verlag: BoD - Books on Demand, Norderstedt
ISBN: 978-3-7504-6101-7

Für Mama & Papa

In ewiger Liebe & Dankbarkeit für Alles...

Inhalt

Young

Today we are young.
We think nothing can stop us.
We are hungry for life.
But Lord are we wrong?

We need to keep in mind, that every ray of
    sunshine that our eyes and skin absorb,
every full moon that won't let us fall asleep,
every shell we find at the beach,
every cup of tea that we brew,
every first breath that we take when we go
    outside when the winter froze the ground,
is a gift from life to us

We need to treat life as an unfolding gift,
which was offered even if we didn't ask for it
But who did ask for you and me, to be here?
Our soul asked for a new chance to come
    back, my dear…

Give your soul what it needs.
A whole life long.
We will figure out the purpose of transiency
We simply can't be wrong.

Aging scares the hell out of me,
there will never be enough time to feel,
that my heart will beat me through it.
Never will there be enough books I read
And never will there be enough
words of love-

and kisses I want to give to my offspring.

Lord give me the most precious you got.
Its time to at least let me try the most what,
Every soul is looking for.
Every day and night,
Till eternity.
Until the other side.

Flüssiges Gift

Was hast du mir kaputt gemacht.
Was hab ich die Jahre mir gedacht.
Dass du bist mein Vertrauter,
der mich stützt und aufbaut.
Langsam, bös und durch die Zellen,
frisst du dich in großen Wellen.

Erst in mein Hirn, die Narben groß,
dann kriegt die Leber ihren Stoß.
Alles in mir baut sich ab,
weil ich dich in meinem Körper hab.
Zunächst bin ich noch jung,
mich haut so schnell nichts um.
Wir feiern laut und leben hart,
ohne dich kommt nichts in Fahrt.

Hab ich selbst dich nur benutzt,
besonders bei ganz großem Frust.
Dachte mit nem kleinen Wein, wird
mein Kummer schnell verschwunden sein.

Aber irgendwann da kommt die Zeit,
da wirst auch du nicht mehr befreit.
Der Alkohol wie eine Kette,
mit deiner Seele um die Wette.
Du kommst nicht raus, du schaffst es nie,
Er zwingt auch dich in deine Knie.

Nimm dein Leben und sei groß
Den Feind in Dir, jetzt lass ihn los.
Die Reinheit kommt zurück.
Jeden Tag ein kleines Stück.
Es kostet Kraft und viel Geduld,
doch du bist nicht allein dran schuld.

Doch bist du schuld, wenn du nichts tust,
wenn deine Seele nach dir ruft.
Das bin ich nicht, so war ich nie,
denn in dir drin da weißt du wie,
du alles schaffst auch ohne ihn,
der dich zu vergiften schien.

Herzlos ist die Falle, in die wir alle
mal früh mal lang, mal tief mal kurz
schmerzhaft, wie ein böser Sturz,
verenden scheinen und so weinen,
weil wir uns so elend fühlen.

Lass ihn stehen, sei bereit
Ab jetzt für alle Ewigkeit.
Auf ihn zu verzichten,
und dein Leben neu zu richten.
Sodass du heilen kannst ganz tief.
Das Gleichgewicht ist nicht mehr schief.
Heilen sollst du jeden Tag,
bis du wieder lachen magst,
weil die Seele tanzen kann
wie von Anfang an.

Confessions of a mother

What would I confess?

That I am a mess most of the time? That's how
 I feel.

That I look like trash all day? That's how I feel.

That I am wearing sweatpants because, I
 didn´t manage to do the laundry?

That I don't know, if I brushed my hair at all?

If I put deodorant on?

That I don´t remember, when I showered last?

That is not a confession.

That is simply how it is.

The confession is: I don't care at all.

Sometimes I just don't care at all.

I care about, if I made my daughters smile
 when I made them pancakes.

I care about, their reaction to music, as soon
 as I play it.

I care about, their behavior towards other
 creatures.

I care about them - being them.

Nails can wait.

We will miss that time.
We will cherish that time, if we don't do it yet.
We will wish to be able to live that time over
    again.
We will hope to have done the best we could
    do.

Love it.
Feel it.
Cherish it.
Every damn second.

Hallo Gott,

ich bin es. Was machst du so?
Schaust du manchmal wo,
ich mich so nach dir sehne?
Ich frag nur doof, weil, hörst du mich?
Ich schrei zu dir, doch tut sich nichts!

Was? Willst du sagen, du weißt von nichts?
Dann setzte ich mich und lache finster,
denn was ich weiß, das weiß ich schlicht,
ist dass, Du Gott für all deine Kinder,
die wir sind deine Lebewesen alles tust und gibst.

Bist du hier, und nah bei uns? Wir brauchen
    dich, das weißt du doch.
Bleib bei uns, auch wenn es noch
die Welt zu seien scheint, die du nicht hast
    geschaffen.
Wir schaffen es dich stolz zu machen, mit
    unseren eigenen Waffen.

Es könnte schöner nicht sein

So lieg ich jeden Abend da und lausche was
   mich so erfüllt,
wie nichts auf dieser Welt ganz ehrlich,
das sanfte Atmen meiner Kinder, eingehüllt,
in warmen Decken. Ruhig und friedlich und
   zufrieden.
So gibt es keine Melodie, die für mich klingt,
   so herrlich.
So liebe ich mein Fleisch und Blut bis in die
   Ewigkeit,
für das ich alles geben würde,
an jedem Tag in alle Zeit.
Und nehmen für Sie jede Hürde.

Was liebst du denn so sehr an Ihnen?
Die Frage ist, was liebe ich nicht.
Denn jede Zelle Ihrer Körper, lieb ich mehr
   als mich.
Sie wachsen täglich, viel zu schnell.
Umso mehr genieße ich,

was Gott mir da geschenkt hat.
Morgens wenn die Sonne hell,
den Tag erneut eröffnet.

Danke, für die kleinen Hände im und auf
    meinem Gesicht.
So dankbar bin ich für die Zeit, die ich euch
    unterm Herzen trug.
Danke für das Lachen, Brabbeln. Für das
    Sonnenlicht.
Sowie das Quengeln, Motzen, Jammern weil
    irgendwas nicht schnell genug.
Nie mehr wird mein Herz mehr lieben,
nie wird etwas wichtiger sein.
Wo ist schon jetzt die Zeit geblieben,
Als ihr noch wart so winzig klein.

Immer werde ich bei euch sein,
für immer an eurer Seite.
Ob Tag ob Nacht,
Regen oder Sonnenschein,
Mamas Liebe, Mamas Arme, immer in
 Reichweite.
Immer sollt ihr Rat bekommen
immer werde ich euch schützen.
Ihr sollt immer zu mir kommen,
was auch kommt und was auch ist, Mama
 wird euch stützen.

Ich liebe euch für Immer.

Ich sitze oft und träume

Da sitze ich so und träume stets von meinem
    Paradies.
Was glaubst du wo, befindet sich dies?
Ein kleiner Ort, ganz abgeschieden.
Ein Ort an dem herrscht einfach Frieden.

Wo niemand meinen Namen nennt.
Wo niemand meine Wege kennt,
wo ich sein kann, wie ich bin,
aus tiefstem Herzen, welch in mir drin.

Ich weiß genau, dass niemand schaut,
wie Sie sich ihren Alltag baut.
Sie wird dort ganz in Ruh gelassen,
niemand kann Sie dafür hassen.

Dafür, dass Sie anders ist,
was Sie gleichzeitig zerfrisst.
Ihr Leben lebt, was für Sie richtig.
Was andere tun und denken, ist für Sie nicht
    wichtig.

So wird Sie denjenigen helfen, deren Seele
    rein,
ob Kuh, ob Hund, ob Huhn ob Schwein.
Die Ehrlichkeit, das gute Herz,
die Unschuld an dem steten Schmerz.

Entreißen wird Sie Ihnen dem Bösen,
Sie von der Dunkelheit erlösen.
Ihre Seelen sollen tanzen, lachen, lieben.
Heilen sollen Sie von den Hieben.

Von all dem Seelenpein befreit,
von jetzt an nur noch Heiterkeit.
Erholen sollen Sie von dem Grauen,
bis Sie wieder können Vertrauen.

Was Bestien Ihnen angetan,
getrieben in dem kranken Wahn,
das wird Sie nie wieder quälen,
weil Sie von nun an bei uns zählen.

Ihr Leben ist bedeutungsvoll,
mehr als der Mensch ihnen zollt.
Liebe und Frieden steht ihnen zu,
Respekt und endlich Ihre Ruh.

Wir werden euch befreien und lieben,
das hab ich nicht nur so geschrieben.

Wenn wir sind

Wenn du du bist, bist du du
Wenn ich ich bin, bin ich
Wenn Sie sie ist, ist sie sie.
Aber was tun wir nur damit?

Leise frag ich mich wer bin ich denn
Wer bist Du?
Wer sind Sie und Er?
Das Herz, das in uns schlägt,
die Seele die uns trägt.

Spring die Klippe,
Reit die Welle,
Sing das Lied,
Küss Ihn ganz,
Iss den Kuchen,
Trink den Café,

Aber was wir tun, das tun wir.

Lasst es uns für uns für uns tun denn, die
Wahrheit ist

Wir lieben und leben jetzt und hier,

auch wenn man uns irgendwann vergisst.

Soulmates

Who believes in Soulmates?
Do you believe in that one person, that can
    feel your emotions?
Your fears.
Your deep desires.
Your very needs.
That one person, that can actually feel you?

The one person you don't need to explain
    yourself to.
The one person you can always talk to about,
    everything that comes to your mind?
The one person you can open up to about
    absolutely everything.

I do.
I always did.
I have always been asking for it.
I have been begging for it.
I sometimes thought I found it.
I sometimes wished that is it.

The pain realizing it wasn't it.
Will probably stop us from trying.
We will overcome it.
We all will.
There is this one person for us.

Soulmatelove happens.

Der Mensch

Der Mensch ist unberechenbar,
alles andere als wunderbar.
So glaubte ich Tag ein Tag aus,
der Mensch ist gut. Von sich heraus.
Ich dacht´ ansich, der Mensch ist gut.
Mit Ausnahme auch böses Blut.

Doch musst´ ich schmerzlich lernen,
Doch musste ich begreifen,
Rebekka! Dacht´ ich, verdammt noch mal!
Wann lernst du endlich hier und heute,
das Gegenteil, sind böse Leute.
Das ist es. Das ist die Norm.
Die Menschlichkeit in purer Form.

Geh nicht mehr vom Guten aus.
Lad Sie nicht ein zu dir nach Haus.
Halte dir den Mensch vom Laib,
du denkst bestimmt ich übertreib.
Am besten bleibt man Einzelkämpfer,
verpass dem Umfeld seinen Dämpfer.

Mal fühlt man sich von innen heraus,
als ob die Welt ein einziges Graus.
So kann ich nur von mir erzählen,
wie mich manchmal die Menschen quälen.
Mit ihren Werten, Handlungen, Charakteren,
Ihre Lebensstraßen überqueren.

Ich will nur, dass das Gute lebt,
doch da die Welt nicht danach strebt,
wird jeder freie Wille siegen,
die Menschen immer weiter kriegen,
was Sie wollen in dieser Welt.
Bis Sie irgendwann zerfällt.